LA COURSE

ET

LES CORSAIRES

PARIS

IMPRIMERIE DE L. TINTERLIN ET C[e]

Rue Neuve-des-Bons-Enfants, 3.

LA COURSE

ET

LES CORSAIRES

QUESTIONS DE DROIT INTERNATIONAL

PAR

OSCAR GAY

CHEVALIER DE LA LÉGION D'HONNEUR

PARIS

E. DENTU, LIBRAIRE-ÉDITEUR

GALERIE D'ORLÉANS, 13 ET 17, PALAIS-ROYAL

1862

LA COURSE

ET

LES CORSAIRES

L'histoire morale de l'humanité est assurément un spectacle des plus curieux, des plus saisissants et des plus instructifs tout à la fois que la pensée puisse présenter à l'esprit. Elle nous fait suivre, dans ses détours les plus bizarres, dans ses écarts les plus singuliers, la marche pénible et incertaine de la civilisation, qui ne parvient jamais à assurer son triomphe sur les vieux préjugés qu'après bien des luttes et des péripéties. Chacune de ces années qui, entraînées par la marche rapide du temps, s'écoulent avec calme ou se précipitent avec fracas vers l'inévitable terme, nous apparaît avec son caractère distinct, avec son cachet indélébile, pour nous dire quel chemin a parcouru la raison, source souveraine de toutes choses. Jamais, en effet, une époque n'est entièrement semblable aux précédentes; chaque jour donne naissance à des intérêts nouveaux et légitimes, qui réclament impérieusement une place au soleil. Au milieu des idées contradictoires dont le tumulte nous agite et nous étourdit, si l'on rencontre parfois des faits étranges qui révèlent l'action de causes imparfaitement comprises, il est facile cependant de constater que partout les tendances des peuples sont les mêmes. La vérité peut passer méconnue ou inutile pendant de nombreuses années, mais, tôt ou tard, elle reprend le rang qui lui est dû au sein des sociétés, et, après avoir frappé les anciennes idoles, on l'entoure de soins et on lui rend hommage. Jamais l'intelligence du droit n'a été plus profonde que dans notre siècle, dont la supériorité sur les âges précédents ne saurait être contestable.

Nous aspirons à la certitude des principes, à la conquête de la vérité qui nous sert de règle souveraine; nous la déclarons respectable et sacrée. La marche du temps, les grandes choses dont nous avons été témoins nous portent à répudier ce qui choque la raison. Il n'est plus possible, tout le monde l'a compris aujourd'hui, d'ériger l'immobilité en règle absolue : la notion du progrès est admise comme base fondamentale des lois qui doivent régir les sociétés civilisées, et le flot toujours grossissant des idées modernes emporte les vieilles digues. La loi n'est pas un poteau de mort autour duquel les générations de la grande famille humaine, appelées à se succéder, doivent traîner la même chaîne dans un cercle immuable; pour répondre aux besoins des peuples, elle demande à être sans cesse développée et perfectionnée; c'est un arbre de vie qui doit chaque jour porter des fruits meilleurs, et, sans toucher à ses racines, il faut, d'une main prudente et sûre, abattre les branches mortes que remplaceront ensuite des jets nouveaux pleins de séve et de vigueur.

L'homme est un être éphémère et fragile; ses penchants le portent trop souvent à s'égarer; mais, en lui laissant la liberté, le Dieu qui préside à ses destinées lui a aussi donné l'intelligence pour lui servir de guide et le ramener, lorsqu'il s'en écarte, dans le sentier de la loi naturelle, c'est-à-dire vers le bien, vers le beau. Cette loi est immuable dans son essence, éternelle dans ses préceptes : elle n'est pas le produit des sens ou de l'activité de l'homme; nos codes ne l'ont point inventée; l'œuvre porte la marque de l'ouvrier; Dieu en est l'auteur, et nous devons la subir. Bien souvent les guerres, dans leur course brutale, ont voulu la frapper au cœur; bien souvent les révolutions ont déchaîné contre elle ses tempêtes : les nations se sont défaites et refaites, les races ont péri, mais toujours la loi de la nature est restée debout, inébranlable; sophistes et rhéteurs ont en vain appliqué leur langue acérée contre sa base ; la pierre, et plus forte et plus dure, a résisté sous les coups de leur marteau. Étudions donc cette loi ; obéissons à ses préceptes sans préjugés, sans vaines préoccupations d'esprit. Elle nous conduira sûrement dans la voie du progrès et de la civilisation, où, depuis longtemps d'ailleurs, la France marche au premier rang. C'est à cette tendance constante et soutenue vers le bien qu'elle doit son influence universelle. C'est une parure éclatante qui nous distingue parmi les nations ; ne la laissons point ternir. Fidèles à notre mission sociale, soutenons et propageons partout les principes du droit et de l'équité ; notre sceptre politique n'en sera que plus puissant. N'oublions pas qu'au milieu de l'immense mouvement intellectuel qui entraîne et domine le monde, nous devons, sentinelles avancées, être les éclaireurs de la grande armée de l'espèce humaine. Pour conserver cette royauté de l'intelligence, partout obéie et enviée, ne négligeons jamais une occasion d'ouvrir un nouveau sentier dans le monde moral, dont la culture donne les produits les plus précieux et les plus relevés.

Cette multitude de peuples qui s'agitent, avec une inquiétude fiévreuse, cherchant le fil de leur destinée à travers des péripéties sans cesse renaissantes et souvent même dans les convulsions de l'anarchie, soulève chaque jour des questions de droit international dont l'étude présente le plus vif intérêt. En ce moment même, au milieu des complications générales qui remuent et tourmentent le vieux continent, il n'est sans doute personne en Europe qui ne suive d'un regard anxieux les péripéties de la lutte gigantesque dans laquelle se trouvent engagées les populations de l'Amérique. Née presque à l'improviste, elle a grandi de jour en jour; elle a mis en présence toutes les tendances, toutes les passions et toutes les forces des partis belligérants. A ces grands et terribles problèmes, dont la solution est donnée sur les champs de bataille, se trouvent forcément rattachés, plus ou moins directement, les rapports généraux des peuples civilisés et leur sécurité commune. Aussi la guerre qui se poursuit avec acharnement aux Etats-Unis, entre des adversaires disposant de nombreux navires, a plus particulièrement appelé l'attention sur des questions de droit maritime d'une nature très-délicate. Nous n'avons point, hâtons-nous de le dire, l'intention d'aborder ces hautes régions où l'on traite les destinées de la société et l'avenir des nations : à de plus autorisés nous laissons cette tâche difficile. En ce moment nous n'avons d'autre but que de jeter un coup d'œil rapide sur un ou deux de ces problèmes de droit international posés depuis des siècles, sans, du reste, prétendre en aucune façon soulever tous les voiles ni dissiper tous les doutes. D'ailleurs, n'est-il pas toujours utile, après certaines périodes de grands mouvements, d'interroger les doctrines nouvelles, de leur demander compte de leurs conclusions pratiques, et de se mettre de temps à autre, pour ainsi dire, au courant de soi-même?

Depuis les dernières complications survenues aux

Etats-Unis, tout ce qui a rapport à la « Course et aux Corsaires, » institution que nous nous proposons d'étudier aujourd'hui, préoccupe vivement l'attention publique. Dans un travail très-limité sur cette matière, nous nous attacherons moins à suivre le développement des faits qu'à en indiquer le caractère. L'intérêt qui se relie à ces questions de droit maritime nous fait espérer qu'on voudra bien nous suivre dans une rapide excursion à travers quelques systèmes enfantés et soutenus par l'inquiétude passionnée de l'esprit humain.

Comme on le sait, de profondes dissidences de doctrines se sont élevées au sujet des corsaires. Ces instruments de guerre, auxquels de graves esprits et des publicistes en renom restent attachés, répugnent cependant, d'autre part, à des hommes non moins éclairés et d'un mérite incontestable. Tous les écrivains qui, directement ou indirectement, se sont occupés de droit maritime, se partagent en deux classes. Les uns se prononcent pour le maintien de la course, et les autres attaquent cette institution comme illégale et dangereuse. Cependant, il semble souverainement désirable que la solution de questions si importantes ne puisse être remise chaque jour à la fortune des controverses. Ces dissidences de doctrines proviennent sans doute en grande partie d'une habitude assez commune de voir le présent d'après le passé, et de subir d'une façon peut-être trop complète l'empire d'anciennes théories avec lesquelles on a si longtemps vécu, qu'on ne songe plus à leur demander compte de leur valeur. Pour apprécier d'une manière exacte le mérite des arguments produits en faveur des divers systèmes, on doit rechercher tout d'abord quels sont les droits que la guerre donne aux peuples civilisés, et quelles sont, en même temps, les obligations qu'elle leur impose. Ces droits comme ces obligations ne sauraient être fixés par aucune autorité législative ou judiciaire. La guerre est un débat qui se vide par la force ; c'est un parti violent auquel ont recours les nations lorsqu'elles ne peuvent obtenir, par les voies pacifiques, le redressement de violences ou de griefs dont elles ont à se plaindre. Toute injure pour laquelle une équitable réparation est refusée devient un motif légitime de guerre, car les peuples sont tenus à remplir leurs devoirs les uns envers les autres. Plusieurs auteurs ont soutenu que, pour arriver au but qu'il se propose d'atteindre, le belligérant a le droit d'employer tous les moyens dont il dispose, et que tout ce qui est fait contre un ennemi est légitime; ses propriétés, de quelque nature qu'elles soient, peuvent être prises ; le mal qu'on est autorisé à lui faire n'a point de borne. Mais cette doctrine, qui assurément excède les limites de la saine raison, a été chaleureusement combattue, et le sentiment de l'Europe éclairée en a fait bonne justice. Si le droit naturel n'a pu déterminer, d'une manière précise, jusqu'à quel point l'usage de la force peut être employé contre un ennemi, il n'en est pas moins universellement reconnu qu'entre nations civilisées qui se font la guerre, les armes courtoises seules sont admises. Les dégâts, le pillage, l'incendie, les stratagèmes, la destruction, sont autant de moyens que repousse le droit des gens, à moins qu'une circonstance exceptionnelle ne force à y recourir pour assurer l'objet des hostilités. Aussi la civilisation a constamment tendu à atténuer, dans la limite du possible, les calamités de la guerre. Les usages des peuples sont parfois, il est vrai, plus ou moins contraires à ces principes, mais ils ne sauraient les détruire, et les nations éclairées se font un devoir de les admettre. Malheureusement la guerre entraîne trop facilement à sa suite la licence. et la société, pour se préserver de ses funestes atteintes, doit faire les plus grands efforts pour opposer de solides barrières aux pratiques que ne justifierait point une impérieuse nécessité.

Dans le cours des guerres maritimes, l'usage de croiser avec des navires privés commissionnés par l'État, avait, jusqu'à présent, été sanctionné par les lois de toutes les nations. Mais, grâce aux efforts de publicistes aussi éclairés qu'humains, cette pratique, justement accusée de donner cours aux plus regrettables abus et d'encourager un esprit de déprédation déloyale, a reçu de nos jours une sérieuse atteinte. Nul ne l'ignore, l'abolition de la course a été proclamée, le 16 avril 1856, par la déclaration du Congrès de Paris, déclaration qui doit être considérée comme la loi générale de l'Europe, puisque la plupart des gouvernements se sont empressés d'y donner leur adhésion. Cependant une grande puissance maritime, les États-Unis d'Amérique, a, pour divers motifs, protesté contre cette nouvelle règle, en s'appuyant sur des arguments dont quelques-uns ne manquent pas d'une valeur réelle. Elle a soutenu que le droit de recourir à des corsaires était aussi incontestable que celui de se servir de navires de l'État. Si la politique de cette loi a parfois été mise en question, la loi elle-même, dit le cabinet de Washington, a été universellement admise, et la plupart des nations n'ont pas hésité à en profiter lorsqu'elles l'ont jugé utile. D'ailleurs cette théorie n'a-t-elle pas été soutenue par des publicistes du plus haut mérite? Les corsaires sont-ils autre chose que des vaisseaux de guerre montés par des volontaires auxquels les Souverains abandonnent les prises qu'ils font, en guise de récompense? Pourquoi donc, lorsque l'honneur d'un pays ou le maintien de ses droits l'obligent à prendre une attitude hostile, renoncerait-il à faire appel au patriotisme de ses concitoyens non militaires pour augmenter ses forces maritimes et les mettre à la hauteur de la situation? Pourquoi alors ne pas s'engager de même à ne point accepter le service des volontaires sur terre?

Toutes ces raisons qui, au premier abord, paraissent concluantes, sont cependant faciles à réfuter. Si, comme l'a dit le cabinet de Washington, l'usage des corsaires a été universellement admis, il n'en est pas moins vrai que chaque jour les nations abrogent, par des conventions, des principes qui ne sont plus en rapport avec les exigences de la civilisation moderne. La politique de la loi qui permet de recourir aux corsaires a, depuis longtemps, été révoquée en doute ; des auteurs d'une autorité incontestable ont pensé que ce mode de faire la guerre n'était ni loyal ni même avantageux. La guerre est une triste nécessité devant laquelle une nation ne doit jamais reculer, lorsque c'est le seul moyen qui lui reste pour soutenir son honneur outragé ou ses droits méconnus. Mais ne faut-il pas toujours, lorsqu'on le peut sans s'exposer à de graves inconvénients, en adoucir les rigueurs? Que de restrictions les peuples civilisés n'ont-ils pas apportées, d'un commun accord, a l'exercice des moyens anciennement employés pour nuire à l'ennemi? Pourquoi ne pas continuer à marcher d'un pas rapide dans cette voie? Il est d'ailleurs d'une importance majeure de ne pas confondre les coutumes de certaines nations avec les principes fondamentaux du droit des gens. Toute pratique qui s'en écarte n'est qu'une routine dépourvue de valeur. La course, si longtemps admise et pratiquée, est aujourd'hui condamnée par la conscience publique comme immorale et inutile au but final de la guerre, qui est la paix.

D'autre part, vouloir assimiler les corsaires aux navires de la marine militaire d'un État, n'est pas chose possible. L'organisation des équipages des corsaires, la structure des bâtiments dont ils se servent pour faire la course, le but qu'ils poursuivent, sont autant de points qui les distinguent essentiellement des navires de guerre. Incapable de soutenir une lutte sérieuse contre les vaisseaux de la marine militaire, dont les armements sont de nos jours si formidables, le corsaire n'a d'autre but, d'autre désir que de s'enrichir, sans courir de risques, au détriment de particuliers ; il ne fait pas la guerre à l'État ennemi, mais aux propriétés privées ; c'est le vautour qui se jette sur une proie sans défense ; il veut avant tout faire fortune ; pour lui, le sang versé doit se convertir en argent. Aussi capitaine et équipage se laissent toujours entraîner au delà des bornes posées par le droit et l'équité : leur intérêt particulier est leur premier guide. Ils ne poursuivent que des avantages matériels ; la guerre n'est à leurs yeux qu'une occasion de dépouiller impunément l'ennemi, souvent même les neutres et parfois les alliés ou leurs concitoyens. Cherchant un aliment facile, aveuglés par la cupidité, les corsaires méconnaissent sans cesse les règles de l'équité et deviennent, pour l'État qui s'en sert comme instrument de guerre, une source continuelle d'embarras. Il n'en est pas de même sur les vaisseaux de la marine militaire ; les lois de l'honneur y sont respectées et pratiquées ; les équipages, habitués à une discipline sévère, sont constamment prêts à verser leur sang pour la cause qu'ils défendent, s'estimant très-heureux d'obtenir quelques récompenses honorifiques pour prix de leur courage et de leur dévouement. La cupidité n'est pas le mobile qui les pousse, et, ni les neutres, ni les alliés ne sont de leur part l'objet d'attaques injustes. Les officiers qui les commandent possèdent les connaissances nécessaires pour démêler et juger sainement les véritables intérêts de la patrie ; éclairés par l'expérience, ils sont prudents dans leur conduite. Leur désir le plus ardent est de remplir loyalement leur devoir et de sauvegarder la cause de l'État. Leur caractère inspire la confiance, et ils ont pour eux l'appui inestimable de l'opinion publique, qui ne doute pas de la sagesse de leurs actes. Une nation qui fait la guerre est sûre d'attirer à elle les sympathies générales, si elle prend dans ses armements maritimes les précautions nécessaires pour qu'aucune atteinte ne soit portée aux propriétés des neutres, à leur indépendance, à leur dignité.

Vainement dira-t-on que les abus commis par les corsaires sont inséparables des institutions humaines et inhérents aux inconvénients que la guerre entraîne avec elle. A un mal reconnu il faut chercher un remède. Toute législation qui ne tend pas au maintien de l'ordre social, à la conservation des personnes et des propriétés, ne repose pas sur des bases justes et solides ; elle est essentiellement vicieuse. Si l'on n'admet pas cette doctrine, la morale privée sera arbitraire, et nos passions deviendront nos seuls conducteurs. L'extension si considérable donnée au commerce, doit de nos jours exercer une notable influence sur la conduite des nations et sur leurs rapports politiques. L'avidité, l'intérêt personnel, et souvent l'égoïsme le plus vif, sont, à nos yeux, les grands ressorts qui font mouvoir les corsaires. Véritables fléaux des mers, ils sont une source de discorde et d'oppression : ne tenant presque jamais aucun compte des règles qui assurent à la navigation le maintien de l'ordre et de la bonne harmonie, ils changent trop souvent la guerre en piraterie. Il n'est donc pas surprenant, qu'après les vexations sans nombre qu'ils ont commises, les puissances maritimes aient conçu le projet d'empêcher qu'elles ne se renouvellent à l'avenir. Une nation généreuse, qui tient à l'estime du monde, doit renoncer, alors même qu'elle y trouverait un avantage passager, à un moyen de guerre qui entraîne de si déplorables conséquences. Qu'on interroge les négociants de tous les pays, et on verra l'horreur que leur inspirent les corsaires. La guerre ne peut se faire légalement que par les nations elles-mêmes, et non par les particuliers et pour leur compte, car cet usage entraîne fatalement après lui la violation des propriétés et des règles du droit des gens. Loin d'accélérer la marche de la guerre, la pratique de la course aigrit au contraire les peuples dont elle ruine les particuliers; elle entretient l'esprit d'injustice et le penchant au dol. On peut dire, il est vrai, que les corsaires ont parfois été mis sous les ordres d'amiraux et employés dans les escadres; qu'ils pourraient, au besoin, être requis pour agir de concert avec la marine militaire. Mais, de bonne foi, peut-on croire que leurs secours seraient sérieux? Quelle résistance ces navires, armés pour dépouiller des bâtiments marchands sans défense, pourraient-ils opposer aux formidables vaisseaux de la marine militaire actuelle, pourvus de terribles machines de guerre ? Que feraient-ils contre des frégates cuirassées ? Nous ne sommes plus au temps des Jean-Bart et des Duguay-Trouin ; une flotte composée de corsaires ne saurait opérer aucune action sérieuse : leur rôle se trouve réduit à la saisie des navires du commerce, source continuelle de vexations et de conflits. Ils ont, dans tous les cas, le triste privilége de soulever la défiance et d'entretenir l'inquiétude ; d'accoutumer à la licence et à la rapine des hommes qui, plus tard, rendus à la société, méconnaîtront les règles du droit et de l'équité. Dans les temps passés, on a souvent vu des belligérants délivrer des lettres de marque à des étrangers, montant des navires étrangers armés dans des ports étrangers. Quelles garanties, nous le demandons, pouvaient présenter de pareils armements ? A quels abus ne devaient-ils pas donner lieu. Les corps francs, dont on accepte parfois les services dans les guerres

terrestres, s'ils n'offrent pas toutes les conditions d'ordre désirables, sont loin cependant de présenter les mêmes inconvénients que les corsaires. Leur but, en prenant les armes, n'est pas de s'enrichir ; tout acte de pillage ou de déprédation leur est sévèrement interdit ; leurs attaques ne sont point dirigées contre les propriétés privées ; leurs mouvements sont facilement surveillés ; ils combattent les ennemis de l'État et ne pillent ni les magasins ni les marchands qu'ils rencontrent en pays ennemi. Souvent, il est vrai, pendant le cours d'une guerre, le droit et l'équité sont mis en oubli pour un avantage fugitif et momentané, mais ce n'est pas une raison pour se dispenser de faire ce qui est juste et méconnaître les droits de la nature. L'abus de la force ne saurait être érigé en principe, car la morale seule est la loi des peuples. Les règles de conduite que la raison déduit comme étant conformes à la justice sont celles que les nations civilisées s'efforcent chaque jour de mettre en pratique,

Les États-Unis d'Amérique persisteront-ils à recourir aux corsaires pendant les luttes qu'ils pourront avoir à soutenir? Nous ne saurions le penser. Malgré les efforts qu'ils ont faits pour maintenir leur théorie, on voit néanmoins poindre chez eux certaines idées et certains sentiments qui permettent d'espérer une solution dans le sens de la déclaration du Congrès de Paris. La question s'est fort éclaircie, et tout annonce qu'elle s'éclaircira davantage. Le parti de ceux qui veulent marcher en avant a déjà fait un grand pas sur celui de ceux qui s'efforcent de revenir en arrière. Les lois destinées à régir les divers rapports des États entre eux doivent suivre leurs progrès, et il ne serait pas raisonnable de vouloir rechercher dans les siècles dont nous sommes séparés par un long intervalle les opinions et les sentiments qui doivent nous animer nous-mêmes. Tout le monde n'est peut-être pas de cet avis : bon nombre d'esprits sincères se laissent aller à de certains regrets, sans se rendre un compte suffisant de ce qu'ils désirent ; aussi les idées qu'on vient d'émettre risqueront d'être mal accueillies de quelques-uns ; mais, si elles sont vraies, elles triompheront, et si la nature les justifie, comme nous le croyons, l'avenir les admettra. Ni les regrets ni les désirs n'étoufferont la voix de la justice : la conscience publique a depuis longtemps condamné, en Europe du moins, l'usage des corsaires, et bientôt sans doute ces instruments de guerre tomberont en complète dessuétude. Quoi qu'il arrive, un fait est acquis : le Congrès de Paris, en prononçant l'abolition de la course, n'a pas commis un acte arbitraire ; il a solidement établi un grand principe social, et la preuve que la mesure est excellente, c'est que les diverses puissances signataires de cet acte ont voulu le consacrer sans restriction : quoique n'ayant pas toujours, dans le passé, arboré le même drapeau, elles se sont trouvées d'accord sur ce terrain et s'y sont donné la main sans arrière-pensée. Cette décision n'est donc pas arbitraire, nous le répétous; c'est la force des choses qui l'a amenée.

Quelles que soient, dans l'avenir, les conséquences de la protestation des États-Unis d'Amérique, nous avons tout droit d'espérer que la cause de l'humanité se dégagera puissante et progressive du choc des événements qui pourront encore l'ébranler. Ces espérances se réaliseront par degrés, nous en avons la conviction, et les résultats obtenus s'accroîtront bientôt encore.

Tout en reconnaissant que le commerce des neutres a beaucoup à souffrir des vexations et des abus résultant de la pratique de la course, le cabinet de Washington a cependant pensé qu'il était de son intérêt de résister à cette modification du droit maritime. D'après lui, les flottes puissantes et les grandes armées permanentes seraient non-seulement préjudiciables à la prospérité nationale, mais encore dangereuse pour la liberté civile. La politique des États-Unis a toujours été contraire à ces institutions, et lorsqu'ils se trouvent dans la nécessité de revendiquer leurs droits par les armes, ils n'ont, disent-ils, d'autres moyens que de confier aux volontaires les opérations militaires sur terre, et à leur marine marchande la protection de leur commerce sur l'Océan. La renonciation au droit d'armer des corsaires leur semble, dès lors, de nature à entraîner pour eux les conséquences les plus funestes, conséquences que ne compenserait aucun avantage. Au surplus, en soutenant cette théorie, ils ont la conviction qu'ils défendent non-seulement leurs propres intérêts, mais aussi ceux des nations qui ne sont pas appelées à devenir de grandes puissances maritimes. Le gouvernement fédéral ne doute pas que, par l'armement des corsaires, un État dont la marine est peu nombreuse ne se mette à même de lutter avec avantage contre une nation qui disposerait de forces navales militaires très-considérables. Il ne trouve donc pas étonnant que les grandes puissances maritimes aient été d'avis d'abolir l'usage des corsaires, qui sont sans utilité pour elles, et veuillent amener les puissances plus faibles à renoncer à leurs moyens les plus efficaces de défendre leur commerce. Aussi le cabinet de Washington croit-il que, si l'usage des corsaires était abandonné, la domination absolue des mers serait bientôt livrée aux quelques puissances qui auraient pour politique d'entretenir une nombreuse marine, et qui auraient les moyens de le faire. A son sens, rien ne serait plus facile pour un État engagé dans une guerre avec une nation inférieure en forces maritimes, que d'être éventuellement maître de l'Océan : pour atteindre ce but, une partie de ses vaisseaux n'aurait qu'à tenir en échec les navires de guerre ennemis, tandis que l'autre partie serait employée à courir sur les bâtiments marchands. Les États-Unis ont dès lors prétendu qu'il était pour eux du plus haut intérêt de s'opposer et de résister à une mesure qui ne peut qu'accroître la grandeur des établissements réguliers. L'Océan, disent-ils, est une propriété commune à toutes les nations, et l'on doit veiller avec soin à ce que cet héritage commun ne tombe pas sous la domination d'un petit nombre. Le gouvernement fédéral veut bien reconnaître qu'il est de règle, du moins pour ce qui concerne sur terre les opérations militaires, de respecter les personnes et les propriétés de ceux qui ne combattent pas. Il admet que le pillage, non justifié par des circonstances exceptionnelles, ou l'appropriation non compensée des biens individuels, est contraire à l'usage des temps modernes ; mais il soutient également que toute considération qui appuie ce sentiment à l'égard de la guerre sur terre, doit favoriser l'application de la même règle sur mer aux personnes et aux propriétés des citoyens de puissances belligérantes. Le cabinet de Washington a dès lors déclaré qu'il ne souscrirait à la déclaration du Congrès de Paris, « la course est et demeure abolie, » que si le principe de l'inviolabilité de la propriété privée sur mer était adopté sans restriction ; c'est-à-dire à la condition que cette propriété ne pût être saisie ni inquiétée par des navires de guerre nationaux. Si donc les grandes puissances d'Europe s'accordaient pour proposer comme règle du droit international l'exemption de toute saisie de la propriété privée sur mer par les croiseurs de la marine militaire aussi bien que par les corsaires, les États-Unis se joindraient volontiers à elles. Sinon quelle inconséquence n'y a-t-il pas d'abolir la course quand la propriété privée peut être capturée par les vaisseaux de guerre? Pourquoi ne serait-elle pas également exposée à être prise par des corsaires qui, de fait, ne sont qu'une branche de la force publique qui les autorise?

Quel que soit le sort réservé à la proposition du cabinet de Washington, qui semble, à plus d'un titre, mériter une sérieuse attention, il n'en est pas moins vrai que les arguments qu'il a développés pour maintenir, en l'état de choses, l'usage de la course, ne sont pas tous également bons. En effet, le gouvernement fédéral croit que s'il entrait en lutte avec un État qui aurait sous sa main, et prêtes à agir, des flottes régulières bien supérieures aux siennes en nombre et en qualité, il pourrait facilement rétablir l'équilibre et même faire pencher de son côté la balance de la fortune en délivrant des lettres de marque. Il ne saurait en être ainsi : la puissance qui dispose d'une marine militaire considérable aura toujours une supériorité écrasante, irrésistible, sur celle qui sera réduite à confier à des corsaires la défense de ses intérêts. Quel mal ces corsaires pourraient-ils faire à la première de ces puissances ? Seraient-ils en mesure d'entraver sérieusement sa navigation marchande, ou auraient-ils la prétention de venir se mesurer avec ses vaisseaux et ses frégates cuirassées ? Non assurément, car il sera toujours facile à la puissance militaire de faire escorter ses navires marchands, tandis que son pavillon de guerre battra sans entrave et sans crainte toute l'étendue des mers. Au surplus, si cette puissance maritime voulait, de son côté, pour se servir des mêmes armes que son adversaire, autoriser la course, croitou que les corsaires ne viendraient pas avec empressement lui offrir leurs services? Protégés sur presque tous les points par de redoutables vaisseaux, ils auraient les plus grandes facilités pour faire de riches captures sans courir d'autre risque que d'avoir peut-être à livrer, de temps à autre, quelques combats à des corsaires ennemis, aussi mal armés qu'ils le seraient eux-mêmes. Le cabinet de Washington nous paraît donc être dans l'erreur en assignant aux corsaires un rôle si considérable : ce qui pouvait être bon jadis, ne l'est pas toujours aujourd'hui. Les corsaires ne sauraient plus, dans le siècle où nous vivons, être d'aucune utilité réelle ; le moment est venu de voir disparaître à tout jamais cette arme à deux tranchants qui, la plupart du temps, blesse grièvement celui qui s'en sert, sans atteindre son ennemi.

Que de lois et d'institutions, après avoir traversé des siècles entiers, ne sont plus enregistrées dans les archives de la famille humaine que comme des monuments du passé ! Pendant combien de temps la traite des noirs, cet abus révoltant de la force, ce honteux attentat contre le droit naturel, n'a-t-elle pas été considérée comme une pratique licite et honnête? Lorsque, pour la première fois, des hommes humains ont demandé l'abolition de l'esclavage, quelles tempêtes n'ont-ils pas soulevées, que d'anathèmes n'a-t-on pas lancés contre eux? Et cependant, cet arbre géant, sur lequel les nations civilisées ont à l'envi porté la hache et qu'il faudra déraciner, n'était-il pas une source inépuisable de douleurs, de grave responsabilité et de crainte; n'était-il pas un principe de ruine permanente? La traite! était-ce là, nous en appelons aux gens de bien, aux gens de cœur, une institution que l'amour de l'humanité ait jamais pu admettre ou justifier? Les entrailles ne frémissent-elles pas au souvenir de ces tortures insensées et cruelles que le Code noir infligeait aux malheureux esclaves! Planteurs comme fabricants accomplissaient néanmoins leurs crimes avec une parfaite tranquillité d'esprit, et sans songer à leur infamie. Le monde moral était certainement voilé pour eux, car jamais la cruauté de leurs actes ne troublait leur conscience. Heureusement pour la société, chaque jour la civilisation détruit mille préjugés ; chaque jour mille difficultés sont aplanies par la raison. Ce n'est pas sans peine, il est vrai, et d'un seul coup qu'on parvient à renverser une institution, quelque détestable qu'elle soit, lorsqu'elle a d'anciennes et profondes racines : elle trouve toujours de nombreux partisans qui la défendent avec acharnement et disputent pied à pied le terrain ; lorsqu'ils ont capitulé et qu'ils s'avouent vaincus, ils gardent longtemps encore en eux-mêmes les arrière-pensées et l'espoir d'un triomphe à venir. Mais si l'esprit peut avoir ses déviations et ses défaillances, il se relève cependant pour reprendre sa marche, et ses efforts finissent à la longue par être couronnés de succès.

Bien que nous n'attachions pas une trop grande importance à la protestation du cabinet de Washing-

ton en faveur des corsaires, comme elle existe pourtant, il faudra en tenir compte. L'idée a péri, il est vrai, mais on prétend sauver l'institution, et, pour quelques jours encore, on lui fait un sort dans le monde; on l'habille comme on peut; on la soutient en faisant un appel aux préjugés. Toutefois, dans cette même protestation, le gouvernement fédéral a soutenu, nous le reconnaissons loyalement, un principe de droit public qui nous a paru, à tous égards, aussi noble que vrai. Il s'est montré disposé à accepter la règle posée par le Congrès de Paris, à la condition que la propriété privée des belligérants serait respectée sur mer par les vaisseaux de leurs adversaires, à moins qu'elle ne consistât en contrebande de guerre. Une semblable règle serait une grande innovation; mais, il faut l'avouer, elle serait très-équitable et très-rationnelle, car elle reposerait sur les premiers éléments de la justice la plus commune. D'ailleurs ne sent-on pas chaque jour davantage la nécessité de protéger la propriété? Jamais droit ne fut plus sacré ni plus inattaquable, et cependant les nations maritimes ne lui ont pas encore assuré sur mer son libre exercice. La propriété est la récompense du labeur, la base de la famille ; aussi en France, pays de lumière et de civilisation, les efforts des législateurs ont sans cesse tendu à donner à la propriété les plus sûres garanties. Quel serait donc le motif invincible qui empêcherait d'entourer, sur mer comme sur terre, la propriété des mêmes garanties; pourquoi ne pas la défendre comme toutes les autres? Du moment qu'une chose est juste, par cette seule raison elle est utile. C'est le travail qui transforme le monde ; la société vit du travail de ses membres; son influence est partout décisive; il importe donc, au plus haut degré, d'en développer les effets et d'en assurer le résultat. Déjà bien des publicistes se sont fait les défenseurs de cette cause; mais, malgré les sympathiques échos qu'ils ont soulevés, on n'a pas cru, jusqu'à présent, devoir proclamer, d'une manière absolue, le principe de l'inviolabilité de la propriété privée sur mer, et les usages des temps passés ont encore prévalu à cet égard dans notre siècle. On a cherché, il est vrai, à établir une distinction entre la propriété privée sur terre et la propriété privée sur mer. On a refusé de souscrire à une règle d'équité en invoquant des raisons d'État; on a prétendu que tout navire, même marchand, était susceptible de recevoir un armement plus ou moins considérable, et, par conséquent, de devenir une machine de guerre directe; qu'il pouvait, au surplus, être employé au service de transport pour les vivres et les munitions; on a enfin ajouté que le commerce maritime lui-même était une source de richesses et par conséquent de forces; que bien des nations, ne vivant que du commerce maritime, seraient facilement anéanties lorsqu'il se trouverait suspendu.

L'on peut répondre à cela que, de nos jours, les navires de commerce ne seront jamais des machines de guerre très-redoutables, ou capables d'exercer une action décisive, et que, s'ils étaient employés à un service de ravitaillement, ils tomberaient nécessairement sous le coup de la capture, la saisie de la contrebande de guerre devant toujours être permise. D'autre part, si le commerce privé sur mer est une source de richesses, ne l'est-il pas également sur terre? Alors, pourquoi le respecter dans un cas et l'anéantir dans l'autre? Ne resterait-il pas la ressource des blocus? Comme moyen de guerre, le droit de prise est certainement un des plus odieux, car il frappe presque exclusivement la partie de la nation ennemie qui est la moins hostile. Depuis longtemps déjà cette théorie est, sinon en fait du moins en principe, condamnée par la conscience des peuples civilisés. Nous sommes loin déjà des temps où la liberté, la vie, les biens des vaincus appartenaient aux vainqueurs. Les usages de la guerre sont actuellement plus en rapport avec les vrais principes du droit naturel ; ils découlent d'un sentiment plus élevé, et, en se plaçant à ce point de vue, la proposition du Cabinet de Washington paraît mériter une étude approfondie. Il est bien difficile, en effet, de soutenir que les propriétés privées, qui sont libres sur le sol même de l'ennemi envahi par une armée victorieuse, puissent être pillées sur la mer, cet élément essentiellement libre de sa nature et qui ne saurait être l'objet d'une conquête. L'initiative glorieuse prise par le Congrès de Paris portera des fruits féconds dans l'avenir. Trop souvent l'intérêt exclusif de quelques nations, momentanément prépondérantes sur l'Océan, a imposé des conditions tout à fait en désaccord avec le droit naturel. Il faut que les rapports entre les divers États qui composent la famille humaine soient équilibrés et qu'ils tendent à un bien-être commun. Toute règle internationale qui aura pour effet de protéger, dans une large mesure, le commerce maritime, produira certainement de très-heureux résultats : elle consolidera le lien social entre les diverses nations ; elle adoucira le caractère des peuples et conduira insensiblement les hommes à l'accomplissement de leurs devoirs réciproques. Les lois éternelles de la justice défendent hautement d'étendre la main sur la propriété privée ; toute infraction à cette loi est un acte immoral que l'on commet au détriment de son semblable. Si des principes contraires ont longtemps prévalu, ce n'est pas une raison pour les maintenir, dès l'instant qu'on reconnaît qu'ils sont en contradiction ouverte avec les préceptes de la morale. Il semble que le moment est venu d'imposer aux guerres maritimes les mêmes restrictions qu'aux guerres continentales. Aucun peuple ne doit jamais, dans aucune circonstance, attenter aux droits d'autrui : il y a avantage pour tous à observer et à remplir des conditions d'utilité et de bien-être qui doivent tourner au profit de la société entière. La propriété, si vivement attaquée par les niveleurs modernes, est cependant, quoi qu'on ait pu dire, un des principaux fondements de l'ordre social : il faut donc la protéger contre tout empiétement et la préserver de toute atteinte.

D'ailleurs, au point de vue politique, l'usage de capturer la propriété privée sur mer entraîne souvent les conséquences les plus fâcheuses. Non-seulement les navires ennemis, mais la plupart du temps les bâtiments neutres sont arrêtés et soumis à la visite : le capitaine du navire est obligé de justifier la nature de son chargement et sa qualité de neutre. Que de précautions l'exercice de ce droit n'exige-t-il pas ; avec quelle mesure, avec quelle sagesse ne doit-il pas être accompli ? Le moindre acte d'injustice, une simple inadvertance, la plus légère négligence peuvent provoquer des orages aussi dangereux qu'imprévus. La propriété privée sur mer ressemble à toutes les autres et, comme toutes les autres, elle a droit aux mêmes garanties. S'emparer du bien d'autrui sans le payer sera toujours une mauvaise chose. Dans un temps plus ou moins éloigné l'on arrivera fatalement à reconnaître le principe de l'inviolabilité absolue de la propriété privée sur mer : cette question ne saurait en être une pour quiconque a une foi sincère dans la puissance des lois de la nature. Ce sera, du reste, un des moyens les plus puissants d'encourager le travail et de rendre aux guerres ce caractère d'humanité que la civilisation moderne tient tant à leur imprimer. Maintenant surtout que la vapeur, en supprimant les distances, rapproche chaque jour davantage les hommes et réunit leurs intérêts, il serait sans doute utile d'établir ce nouveau lien entre les nations, que des relations commerciales de plus en plus étendues mettent constamment en rapport.

La cause que nous plaidons a déjà trouvé de nombreux défenseurs, et tout semble indiquer qu'elle sera bientôt définitivement gagnée. La France, qui se trouve dans une des plus belles périodes de gloire et de prospérité que la Providence lui ait jamais donnée, persistera dans ces voies d'amélioration et de progrès où elle se trouve si heureusement engagée ; c'est vers elle que se tournent avec sollicitude les regards de l'Europe, et les moindres incidents qui apparaissent sur son horizon remuent profondément les Cabinets et les peuples. L'initiative intellectuelle nous appartient, et, pour garder intact le vieux lustre des fleurons de notre couronne, nous ne devons pas rester en arrière. Vouloir assurer à la propriété une part de jour en jour plus large, ce n'est après tout que défendre un droit respectable et sacré. Donnons un grand exemple de justice, et nous verrons bientôt les autres nations, même celles qui nous jalousent le plus, nous suivre dans la voie que nous aurons tracée ; car les idées françaises envahissent partout le monde, sans que ni douanes ni armées puissent les arrêter. Ce sera une victoire chère et précieuse que nous aurons remportée et qui, sans coûter de larmes à personne, nous donnera de nouveaux titres à la gratitude des peuples. La France, qui porte le flambeau de la civilisation, ne saurait le remettre en d'autres mains; elle doit remplir selon ses forces la mission sociale que la Providence lui a confiée ; vouée à l'action, elle avivera sans cesse chez elle une activité féconde en lumières et en conquêtes, car elle sait depuis longtemps que, pour les nations, l'immobilité c'est la mort. Aussi, Dieu merci, la France ne cessera pas d'être grande, forte et redoutable ; elle ne cessera pas d'être aux yeux des peuples digne d'admiration et d'envie, car elle a toujours les mêmes goûts, les mêmes instincts et les mêmes préférences. Protéger chaque personne dans le fruit de son travail, en tout temps et en tout lieu, est un but que les gouvernements éclairés doivent poursuivre de leurs constants efforts ; c'est une de ces vérités éternelles qu'il faut reconnaître et mettre en pratique. Ce que nous demandons d'ailleurs pour la propriété privée sur mer, ce n'est ni une faveur ni un privilége ; c'est un droit que nous revendiquons au nom de la justice. Le nœud de la difficulté que présente cette question n'est pas un de ces nœuds gordiens que doive trancher l'épée d'un nouvel Alexandre : c'est un but moral, vers lequel nous portent paisiblement les tendances actuelles du monde civilisé, et digne de la plus noble ambition qui puisse animer un grand peuple. C'est à la France qu'il appartient de ramener sur ce point, comme sur tant d'autres, les nations maritimes aux simples éléments de la justice la plus commune, et dans les bornes que la saine raison pose au droit extrême de faire la guerre.

« Combattons vaillamment, mais n'empoisonnons pas nos flèches. »

FIN.

PARIS
IMPRIMERIE DE L. TINTERLIN ET C[e]
Rue Neuve-des-Bons-Enfants, 3.

www.ingramcontent.com/pod-product-compliance
Ingram Content Group UK Ltd.
Pitfield, Milton Keynes, MK11 3LW, UK
UKHW021511260726
13993UKWH00004B/1633

9 782329 447858